안녕, 거미야!

처음 펴낸날 | 2019년 4월 26일 세 번째 펴낸날 | 2020년 12월 5일
글 | 베르벨 오프트링 그림 | 이자벨 뮐러 옮김 | 한은진 감수 | 김주렬

펴낸이 | 김태진
펴낸곳 | 다섯수레

기획편집 | 김정화, 정현경, 장예슬 디자인 | 이영아
마케팅 | 이창연, 박주현 제작관리 | 홍정선

등록번호 | 제3-213호 등록일자 | 1988년 10월 13일
주소 | 경기도 파주시 광인사길 193(문발동) (우 10881)
전화 | (031) 955-2611 팩스 | (031) 955-2615
홈페이지 | www.daseossure.co.kr

ⓒ 다섯수레, 2019

ISBN 978-89-7478-421-8 74490
978-89-7478-420-1 (세트)

이 도서의 국립중앙도서관 출판예정도서목록(CIP)은 서지정보유통지원시스템
홈페이지(http://seoji.nl.go.kr)와 국가자료공동목록시스템(http://www.nl.go.kr/kolisnet)에서
이용하실 수 있습니다. (CIP제어번호 : CIP2019016236)

Schau mal, eine Spinne!

Bärbel Oftring(Autor)/ Isabel Müller(Illustrator) : Schau mal, eine Spinne!
© 2016, Gerstenberg Verlag, Hildesheim, Germany
Korean Translation Copyright ⓒ 2019 by Daseossure Publishing Co.
This Korean Edition was published by arrangement with
Gerstenberg Verlag, Hildesheim through BRUECKE Agency.

이 책의 한국어판 저작권은 브뤼케에이전시를 통해 Gerstenberg Verlag, Hildesheim과 독점 계약을 한
도서출판 다섯수레에 있습니다. 저작권법에 의해 한국 내에서 보호를 받는 저작물이므로 무단전재와 무단복제를 금합니다.

자연과 만나요 5

안녕, 거미야!

베르네 오프트링 글 | 이자벨 펠러 그림
한윤진 옮김 | 김주필 감수

다섯수레

우아, 거미를 보러 다시 왔군요!
그런데 우리가 저번에 봤던 거미줄이
망가져 버렸어요. 실들이 뚝 끊어지고
커다란 구멍도 생겼지요.
어쩌면 어젯밤에 거미가 거미줄에 걸린
곤충을 사냥했을지도 몰라요. 아니면
바람에 거미줄이 망가졌을 수도 있고요.

거미는 지금 어디에 있을까요? 거미는
자기를 잡아먹을지 모르는 새의 눈을 피해
몸을 숨겼어요. 여러분, 거미를 찾았나요?

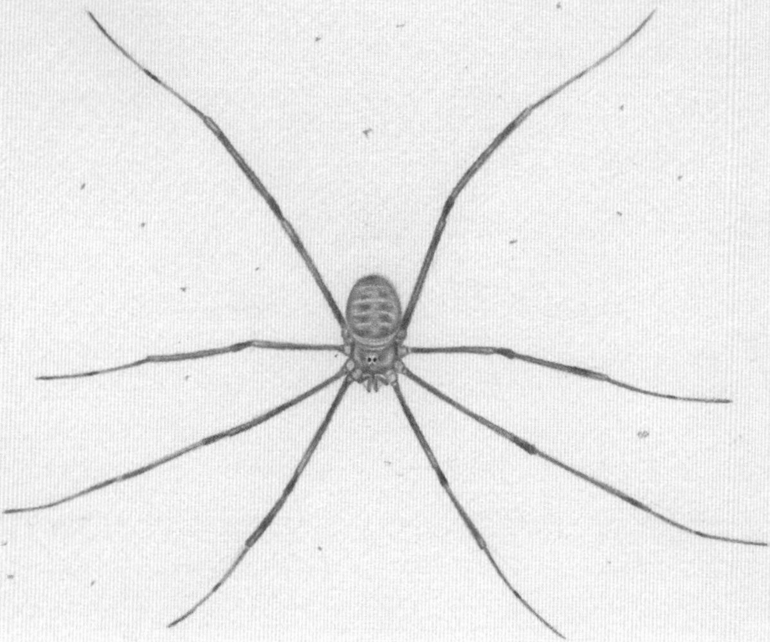

통거미는 거미줄을 치지 않아요. 배에 실젖이 없어 실을 뽑아내지 못하기 때문이에요.

거미가 뽑아내는 실에는 몸에 좋은 단백질이 가득해요. 그래서 거미는 자기가 만든 거미줄을 먹기도 해요.

거미는 실을 어디서 뽑아낼까요?

이 실은 거미가 거꾸로 매달려도 거뜬할 만큼 질겨요.

거미의 배 아랫부분을 살펴보면 톡 튀어나온 실젖을 볼 수 있어요. 거미는 여기에서 실을 뽑아내요.

실젖은 항문 가까이에 있어요.

저기 거미가 있네요!
거미는 잠시도 쉬지 않고 새로운 거미줄을
치고 있어요. 예전 거미줄은 사냥용 줄이
떨어져 나가 새 거미줄이 필요하기 때문이에요.
거미는 이제 막 거미줄의 기본 틀을 완성했어요.

거미줄을 완성하기까지 거미는 20미터가
넘는 실을 뽑아낸다고 해요.
게다가 45분 정도면 뚝딱 해치울 수 있대요.

2
거미는 실 위를 이리저리 기어 다니며
여러 가닥의 실로 튼튼히 거미줄을 쳐요.
그러고 나서 거미줄 가운데에서 실을 타고
내려와요.

4
거미는 중심에서 바깥 방향으로
나선 모양을 그리며 이동용 거미줄을 쳐요.
마지막으로 끈끈한 실을 뽑아 바깥에서
안쪽으로 먹이 사냥용 거미줄을 치지요.

거미줄은 어떤 순서로 만들어질까요?

1
거미가 기다란 실을 한 줄 뽑아요.
이 실은 솔솔 부는 산들바람마저 느낄 정도로
섬세하지요. 다른 실과 구별하기 위해
이 실은 주황색으로 표시했어요. 거미는
이 실을 나뭇가지에 걸어요.

3
거미는 타고 내려온 줄의 아랫부분을 끈끈한
액체로 나무에 단단히 고정하고,
또 다른 실을 뽑아 바퀴의 둘레와 살처럼
그 주변을 채워 나가요.

새로운 거미줄이 완성됐어요!
거미줄은 매끈한 이동용 실과 끈끈한 사냥용 실로
지어졌어요. 그런데 사냥용 실은 뚜껑을
열어 둔 딱풀처럼 접착력이 금방 사라져요.
그래서 거미는 날마다 새로운 거미줄을 쳐요.

거미줄에서 나선형 줄이 비어 있는 부분이
보이나요? 이곳은 거미가 거미줄을 치다가
게으름을 피운 흔적이 아니에요.
거미는 일부러 빈 공간을 커다랗게 만들어
뒀어요. 그러면 거미가 거미줄의 한쪽에서
다른 한쪽으로 잽싸게 스쳐 지나갈 수 있거든요.
드디어 먹잇감이 거미줄로 날아들고 있어요.

거미는 끈적이지 않는 줄로만
이동할 수 있다는 걸 정확히 알고
있어요. 그래서 끈끈한 거미줄은
요리조리 피해 다녀요.

거미줄은 가녀리지만,
수많은 아침 이슬이 주렁주렁
맺혀도 끄떡없어요.

거미줄에는 어떤 특성이 있을까요?

거미줄은 고무줄보다 잘 늘어나요. 먹이가 한번 거미줄에 걸리면 아무리 퍼덕이며 도망치려고 해도 거미줄을 벗어나기가 어려워요.

거미가 거미줄에 걸린 먹이를 전부 사냥할 수 있는 건 아니에요. 거미줄에 구멍을 내는 커다란 곤충도 있고, 거미줄을 벗어나 탈출에 성공하는 곤충들도 있어요.

조심성 없는 나방 한 마리가 거미줄에 걸렸군요.
거미에게는 행운이 찾아든 거죠!
나방이 거미줄에서 벗어나려고 이리저리 파닥이지만
헛수고예요. 그럴수록 거미줄이 점점 더 옭아매
나방은 옴짝달싹할 수 없어요.
물론 거미는 먹이가 거미줄에 걸린 순간부터
이미 알아채고 있었어요.
그렇지만 조금 더 때를 기다려요.

닷거미는 물 위를 기어 다니며 사냥해요.
닷거미의 먹이는 작은 물고기,
도롱뇽, 올챙이 들이에요.

가죽거미는 입에서
발사한 끈끈한 거미줄로
먹이를 사로잡아요.

거미줄을 치지 않는 거미들은 어떤 방법으로 먹이를 사냥할까요?

깡충거미는 꼭 고양이처럼 먹이의 뒤로 살금살금 다가가요. 그러고는 단번에 깡충 뛰어 먹이를 잡아먹지요.

게거미는 앞다리들을 이용해 벌과 나비, 그리고 꽃을 찾아오는 여러 곤충을 꽉 붙잡아요.

나방이 지쳤나 봐요. 이때 거미가 거미줄을 타고 다가와서 독니로 나방을 마비시켜요.
거미의 독은 효과가 몹시 빨라요.
몇 초만 지나도 곤충은 꼼짝하지 못하지요.

운이 좋은 날이면 거미는 곤충을 세 마리 이상 사냥하기도 해요. 하지만 거미줄이 텅 비어 있는 날도 많아요.

1

거미는 독니에서 먹이의 몸을 마비시키는
독을 내뿜어요. 먹이가 독에 마비되면
거미는 실을 뽑아 먹이를 돌돌 감아요.

3

거미는 먹이 몸속의 영양분을 빨아 먹어요.
마지막으로 먹이를 감쌌던 거미줄까지
모두 먹어 치우지요. 그런 뒤 껍데기만
남은 곤충을 바닥에 떨어트려요.

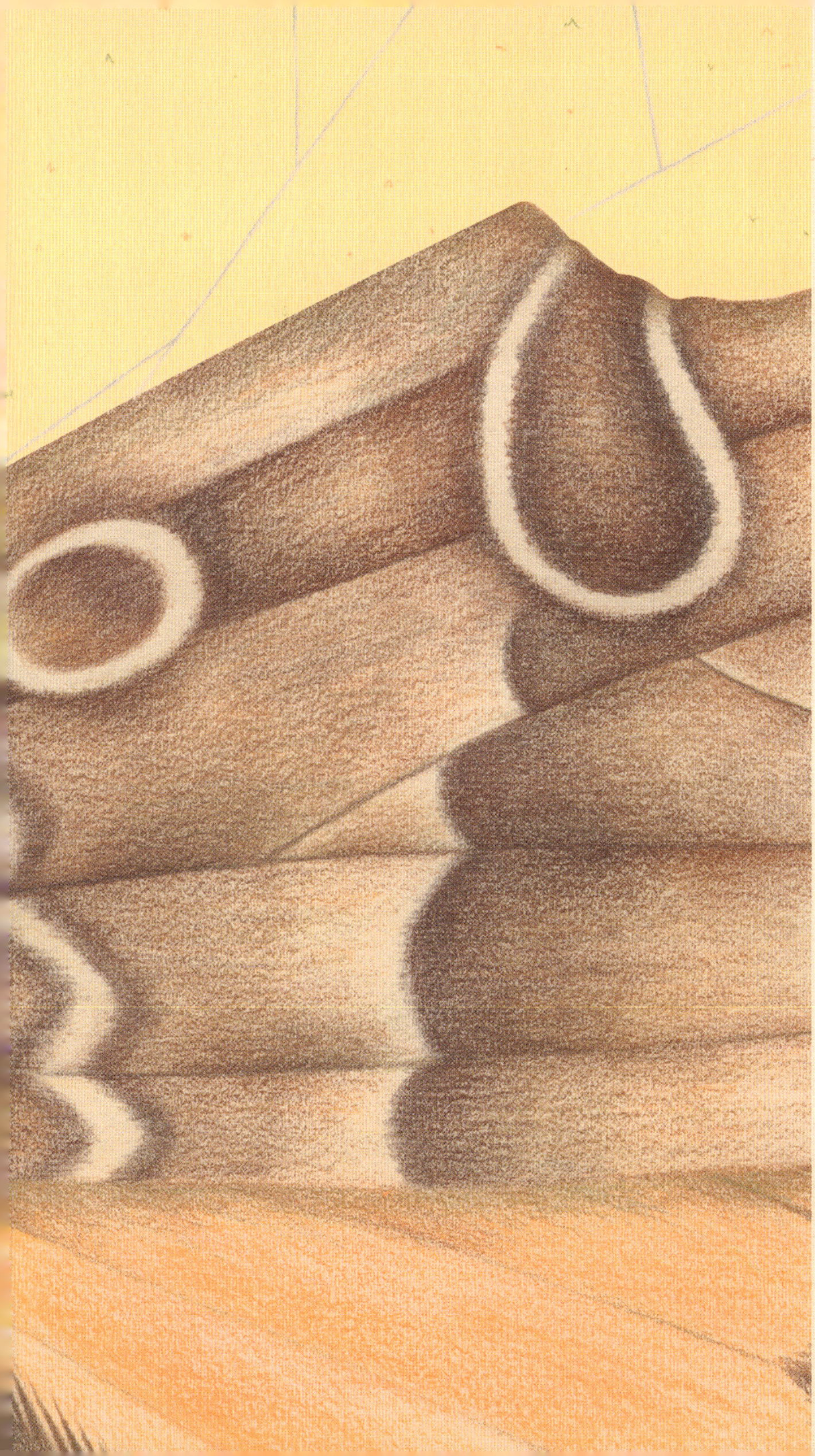

거미는 거미줄에 걸린 곤충을 어떻게 잡아먹나요?

거미의 입은 곤충의 입과는 다르게 생겼어요.
입이 아주 작을 뿐 아니라 그 양옆으로
더듬이다리 한 쌍과 독니 한 쌍을 갖고 있지요.

2
배가 고파지면 거미는 먹이에게 다가가요. 이때
거미에게서 분비된 소화액이 먹이의 몸속으로
흘러 들어가지요. 소화액은 먹이의 내장과
근육을 녹여요.

이제 거미는 배가 부른가 봐요.
머리를 아래로 두고 거미줄에 가만히 있네요.
이 틈에 거미를 좀 더 자세히 관찰해 봐요.

마당왕거미는 빵빵한 배에 하얀 점이 여러 개 있어요.
십자가 모양으로 생긴 점도 보이나요?
그래서 마당왕거미는 십자가거미라고도 해요.
다리도 세어 볼까요?
마당왕거미도 다른 거미들처럼 다리가 여덟 개예요.
하지만 파리, 나비 같은 곤충들은 모두 다리가
여섯 개예요. 다리만 세어 봐도 거미와 곤충을
쉽게 구별할 수 있어요.

닷거미 한 마리가 풀잎 위에서 햇볕을 쬐고 있어요. 다리 두 쌍은 앞으로 보내고 두 쌍은 뒤로 뻗은 모습이 꼭 알파벳 'X' 자 같아요.

거미는 천적이 많아요. 그래서 천적에게 들키지 않으려고 몸을 주변과 같은 색으로 바꿔서 보호하지요.

거미는 어떻게 생겼나요?

거미의 몸은 크게 앞부분인 머리가슴과 뒷부분인 배로 나눌 수 있어요.

머리가슴에는 눈이 있는 머리와 독니, 더듬이다리와 여덟 개의 다리가 달려 있어요. 커다란 배에는 소화 기관이 있지요. 배의 끝부분에는 실젖도 있어요.

수컷은 암컷보다 크기가 작아요.
더듬이다리가 암컷보다 큰 것도 특징이에요.

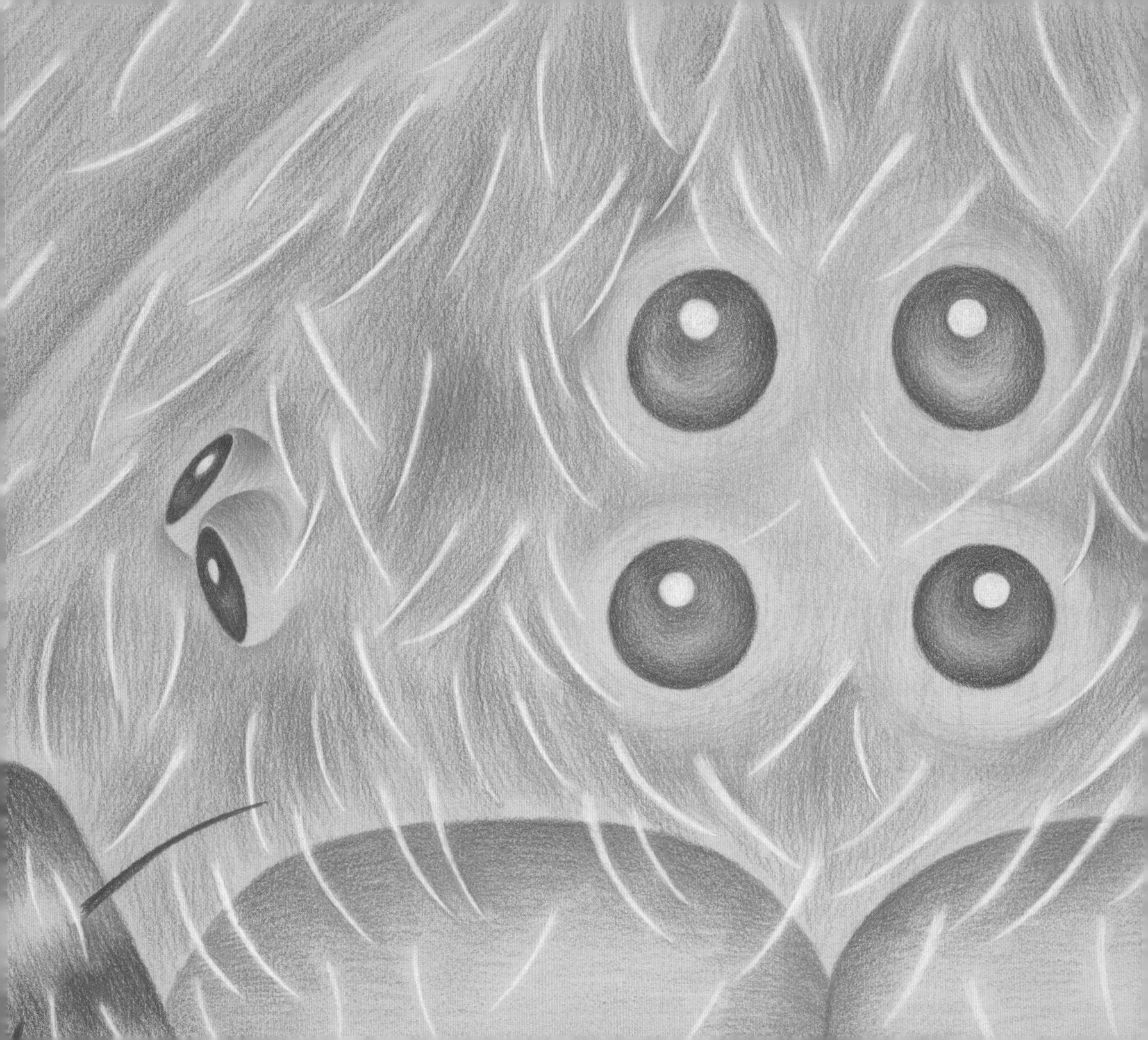

헉, 이건 마녀의 집 지붕일까요?
물론 마녀의 집은 아니에요. 거미의 머리를
돋보기로 확대해 본 모습이지요.
거미의 눈은 사람처럼 두 개가 아니라
여덟 개나 돼요. 그렇지만 거미는 사람만큼 시력이
좋지는 않아요. 거미는 눈이 여러 개 있지만
주변이 깜깜한지 밝은지 혹은 뭔가가 있는지
정도만 구별할 수 있어요.

늑대거미가 땅에서 사냥하는 건 시력이 좋기 때문이에요.
늑대거미도 여러 눈 중에서 가장 큰 두 눈으로
먹이를 발견해요.

게거미는 작은 눈 여덟 개가 있어요. 그 눈으로
어떤 움직임도 놓치지 않지요.

거미의 시력은 어느 정도일까요?

깡충거미는 두 눈이 다른 눈들보다 유난히 커다래요.
커다란 두 눈 덕분에 시력도 좋고,
먹이와의 거리도 정확히 알 수 있지요.

집가게거미는 먹이를 정확히 보는 중심 눈과 주변의
움직임을 알아채는 보조 눈이 따로 있어요.

이건 거미의 다리예요.
거미는 다리로 단순히 기어 다니거나, 뛰기만 하는
것이 아니에요. 듣기도 하고, 냄새도 맡고, 주변 진동도
느끼지요. 그래서 거미 다리에는 감각이 예민한 털들이
많이 나 있어요.

거미도 게나 곤충처럼 딱딱한 외골격이 있어요.
이 외골격이 약한 장기들을 보호해 주지요.
우리의 뼈가 근육과 연결되어 있는 것처럼
외골격도 몸의 다른 부분들과 연결돼 있어요.

거미는 어떻게 성장할까요?
거미는 딱딱한 외골격을 벗어야만 성장할 수
있어요. 이렇게 허물을 벗는 과정은 거미에게
매우 위험할 수 있어요.
그 시간 동안은 어디로도 도망칠 수 없거든요.
그래서 거미는 허물을 벗기 전에
늘 안전한 곳을 찾아요.

2
허물이 벌어지면 거미는 몸을 움직여
조금씩 허물을 비집고 나와요.
배를 먼저 밖으로 뺀 뒤 곧 다리도 빼내지요.

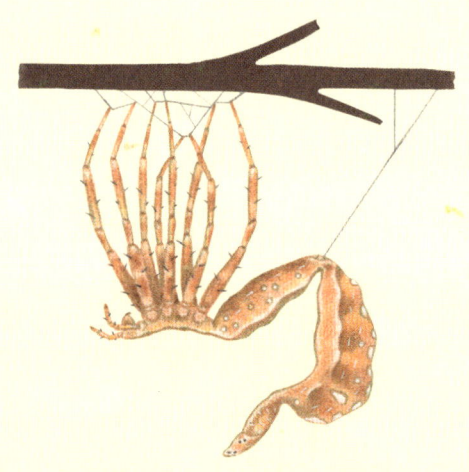

4
외골격이 딱딱해지면 드디어 거미는
이곳을 벗어날 수 있어요.

거미는 어떻게 허물을 벗나요?

1
우선 거미는 거미줄로 몸을 안전하게 한곳에 붙여요.
그리고 허물이 벌어질 때까지 몸 안에 액체를
가득 채워요.

3
거미는 잠시 휴식을 취해요.
그사이 몸이 점점 부풀어요.
새로운 외골격은 아직 약해서
부푼 몸에 맞춰 늘어날 수 있어

새끼 거미는 새끼 새처럼 알 속에서 자라요.
암컷 거미가 알을 낳으려면 수컷과 짝짓기를
해야 하지요.
수컷이 암컷에게 짝으로 인정받고 먹잇감이
되지 않으려면 우선 암컷의 마음을 사로잡아야
해요. 그래서 수컷은 암컷의 거미줄 근처에서
춤을 추거나, 마치 노래하듯 리듬감 있게
거미줄을 잡아당겨요. 자신이 먹잇감이 아니라는
사실을 그렇게 행동으로 보여 주지요.

저기 좀 봐요!
암컷 거미보다 몸집이 훨씬 작은 수컷 거미가
암컷에게 다가가고 있어요.

2

수컷 거미는 암컷 거미에게
다가가 실을 한 가닥 뽑아요.
그리고 그 줄을 암컷의
거미줄에 연결해 당기거나
춤을 추지요.

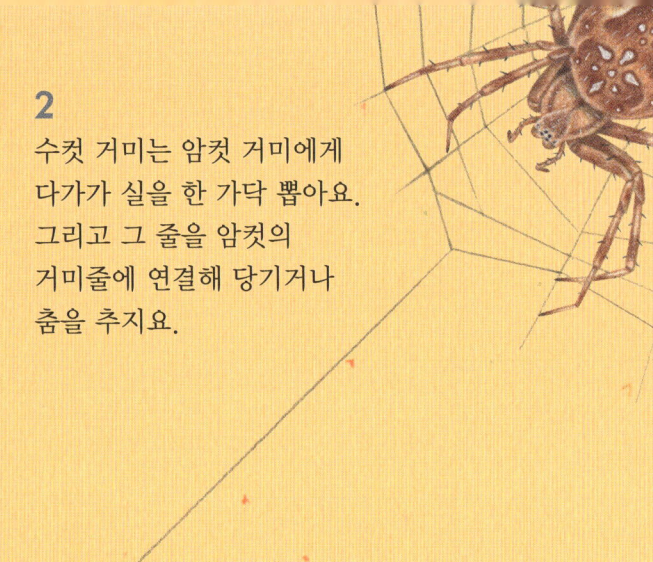

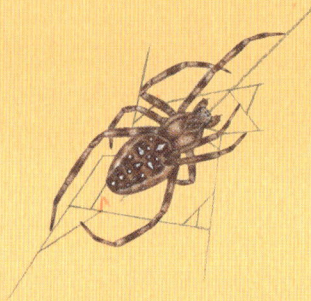

4

이 과정이 끝나고 나면 수컷은 서둘러
사라져요. 수컷은 짝짓기를 마치면
곧 수명이 다하기 때문이에요.
가끔 암컷에게 잡아먹히는
수컷도 있어요.

더듬이다리

1
짝짓기 전, 수컷 거미는 머리 앞부분에 달린 커다란 더듬이다리에 정액을 한 방울 채워 넣어요.

거미는 어떻게 짝짓기를 할까요?

3
암컷은 짝지을 준비가 다 되면 거미줄에 가만히 매달린 채 수컷을 기다려요. 그러면 수컷이 재빠르게 거미줄을 타고 이동해 암컷의 외부 생식기에 정자를 넣어요.

짝짓기를 하고 난 암컷 거미의 몸에 작은 알들이 생겼어요. 몇 주가 지나면 거미는 준비가 됐다는 걸 느끼지요. 거미는 아주 특별한 실을 뽑아내 다리로 예쁜 공 같은 알집을 만들어요. 그러고는 알집을 안전한 장소에 단단히 붙여 놓아요.
거미는 알집에 있는 커다란 구멍 속에 알을 낳아요. 그런 뒤 실을 더 뽑아 알집 주변으로 거미집을 짓지요. 다 지어진 알집이 꼭 솜뭉치 같지 않나요?

집유령거미는 방이나 지하실 또는 창고에서 살아요.
이 거미는 20개 정도의 알이 든 알집을
새끼 거미가 알을 깨고 나올 때까지 이고 다녀요.

밭고랑거미과에 속하는
이 거미는 종 모양의 알집을
만들어요. 새끼들이
알을 깨고 나온 뒤에도
알집에서 한동안
머물게 하지요.

거미는 알을 어떻게 보호하나요?

거미줄로 칭칭 감은 알집은 거미 알을 최대 300개까지 보호할 수 있어요. 알집은 알이 건조해지지 않게 하고, 다른 동물들이 알을 먹지 못하도록 보호해 줘요.

알을 낳기 전

알을 낳기 전, 암컷 거미의 배는 단단하게 부풀어 올라요.

알을 낳은 후

거미 알들은 겨우내 푹 쉬었어요.
그동안 알 속의 작은 배아는 아기 거미가
되었지요.
드디어 때가 왔어요!
따뜻한 봄날, 꼬마 거미들이 알을 깨고 나와요.

"작은 아기 거미들아,
세상에 나온 걸 환영해!"

숲속에 사는 늑대거미는 알집을 실젖에 붙여
달고 다녀요. 어린 거미들은 알에서 깨어난 후에도
일주일가량은 어미의 등을 타고 다니지요.

닷거미는 알집을 안고 다녀요.
조금 있으면 어린 거미들이
알에서 깨어날 거예요.

새끼 거미를 만나 볼까요?

새끼 거미는 태어나 처음으로 거미줄을 칠 장소를 발견했어요. 새끼 거미가 만든 거미줄은 조금 작기는 해도 어른 거미가 쳐 놓은 거미줄이랑 똑같아 보여요.

새끼 거미의 크기는 고정 핀의 머리만 해요. 새끼 거미를 제대로 관찰하려면 돋보기가 필요해요.

꼬마 거미들은 자그마한 거미줄에서
여름내 먹이를 사냥했어요. 이제 따사롭고
햇볕이 좋은 9월이 오면 어린 거미들은
여행을 떠날 채비를 해요. 새로운 터전을
찾아 떠나기에 아주 좋은 때거든요.
엄청나게 많은 꼬마 거미들이
가느다란 은빛 실을 길게 늘어트린 채
알 수 없는 곳을 향해
늦여름 하늘을 두둥실 날아올라요.
어떤 거미는 주변 정원에 내려앉기도 하고,
또 다른 거미는 더 멀리 수천 킬로미터를
이동하기도 해요.

"꼬마 거미들아, 잘 가!
즐거운 여행 하길 바랄게."

3
실을 충분히 길게 뽑은 뒤
거미는 부드러운 바람에
몸을 맡기고 공중으로 뛰어올라요.
거미는 그렇게 하늘을 날아요.

4
거미줄이 나뭇가지에 걸렸어요.
앞으로 거미는 한 해 동안 여기서
생활하고, 집도 지을 거예요.
짝짓기해서 알을 낳으면
또 새로운 아기 거미들이
태어날 테지요.

거미는 어떻게 이동할까요?

2
거미는 알맞은 장소에 도착해
하늘을 향해 배를 높이 쳐들고
기다란 실을 뽑기
시작해요.

1
햇볕이 따사로운 9월,
어린 거미는 높은 장소로
기어 올라가요.

거미는 매우 흥미로운 동물이에요.
일기장이나 게시판에 거미를
관찰한 내용을 기록해 봐요!

5월 16일
이슬거미는 온몸이 초록색이라
알아보기가 쉽지 않다. 그렇지만
나는 오늘 풀잎 줄기에서 이슬거미
한 마리를 발견했다!

4월 19일
앗, 정말 운이 없는
거미다. 저 거미는
아마 곧 곤줄박이
새끼들의 먹이가
될 것이다.

1월 20일
거미 한 마리가 우리 집 사과나무 껍질
사이에서 겨울을 나고 있다. 너무 추워서
그런지 거미는 정말 꼼짝도 하지 않는다.

6월 25일
거미가 내 방 안을 돌아다니는 건
딱 질색이다. 그래서 나는 방에서
거미를 발견하면 일단 유리병에
가둔 뒤 종이로 입구를 조심스레 막고
정원까지 가져가 풀어 준다.

7월 29일

이 거미들의 이름은 리사와 쿠르트다.
이 집유령거미 두 마리는 우리 집 욕실에서 산다.
리사와 쿠르트는 모기를 비롯한 해충을
많이 잡아 준다.

10월 2일

이 거미는 사냥 운이
엄청 좋았나 보다. 이제 먹이가
잡히지 않는 날이 와도 한동안
버틸 수 있는 먹이를 많이
모아 둔 것 같다.

10월 13일

난 정말 용감한 것 같다!
조심스럽게 거미를 손등에
올려놓아 보았다.

거미줄에 매달린 거미를
요요처럼 늘어트려
보기도 하고

…… 거미가 줄을 타고
다시 올라오는 모습도
관찰했다.

8월 5일

풀잎으로 거미줄을
살짝 건드려 봤다.
거미는 아주 잠깐 모습을
드러내더니 곧 다시
사라졌다. 풀잎을
좋아하지 않는 것 같다.

2018년 9월 20일 목요일

늦여름 고요한 공중에 떠도는 거미줄

하얗고 긴 거미줄들이 하늘 여기저기를
떠도는 시기가 왔다!
따사롭고 화창한 9월이 되면 공중에
거미줄이 날린다. 이 시기에 어린 거미들은
따뜻한 하늘을 날아·이동한다. 옛날에는
할머니의 하얗고 긴 머리카락이 하늘에
날리는 거라 생각했지만 지금은 그것이
하늘을 날며 여행하는 어린 거미의 거미줄이란
걸 안다. 그 은빛 거미줄 끝에는 새로운 터전을
찾아 떠나는 작은 꼬마 거미가 달려 있다.

이 책의 주인공, 마당왕거미

학명
Araneus diadematus

몸길이
수컷 5~10밀리미터 / 암컷 12~18밀리미터

외형적 특징
다리 여덟 개. 노란색에서 흑갈색을 띠고
배에 하얀 십자가 무늬가 있음.

수명
2년 남짓. 3년까지 사는 개체도 있음.

서식지
숲, 들판, 정원, 시골과 도시

먹이
파리, 다양한 딱정벌레류, 나비, 여러 날아다니는 곤충들

천적
온갖 새

■ 베르벨 오프트링 선생님은
놀랍고, 흥미롭고 너무나 소중한 자연과 환경에 대해 아이들과 소통하는 것을 좋아합니다.
큰 출판사에서 정원과 자연 분야 편집자로 일했고, 야외 활동 교육자이기도 합니다.
지금까지 60권 이상의 책을 썼습니다. 작품으로는 《숲》,《고래와 상어》,《안녕, 달팽이야!》들이 있습니다.

■ 이자벨 밀러 선생님은
1984년 독일 바덴바덴에서 태어났습니다.
프라이부르크 대학교와 뮌스터 대학교에서 그래픽 디자인과 일러스트를 공부했습니다.
2012년부터 프리랜서 일러스트 작가로 활동하고 있습니다.

■ 한윤진 선생님은
연세대학교 독문학과를 졸업했으며 독일 뷔르츠부르크 대학에서 공부했습니다.
현재 번역 에이전시 엔터스코리아에서 출판기획자 및 전문번역가로 활동하고 있습니다.
옮긴 책으로《안녕, 달팽이야!》,《제비의 한 해》,《지구 남쪽에 사는 야생동물》,
《지구 북쪽에 사는 야생동물》,《아무도 몰랐던 곰 이야기》들이 있습니다.

■ 김주필 선생님은
서울대학교 동물학과를 졸업하고 동대학원에서 석사 과정을 마쳤습니다.
동국대학교 생물학과에서 박사 과정을 마친 뒤, 교수로 재직하면서 500여 편이 넘는 거미학 논문을
발표했습니다. 현재는 주필거미박물관을 설립해 운영하고 있습니다.

자연과 만나요 시리즈

우리 주변의 작은 생명체들을 깊이
들여다보는 시간.
따스한 그림과 꼼꼼한 설명을 통해
여러 사랑스러운 동물들을 만나 보아요.

1 개구리가 알을 낳았어 글 이성실 | 그림 이태수
교육과학기술부 선정 우수과학도서

2 개미가 날아올랐어 글 이성실 | 그림 이태수
어린이도서연구회 권장도서

3 지렁이가 흙 똥을 누었어 글 이성실 | 그림 이태수
환경부 선정 우수환경도서
교육과학기술부 선정 우수과학도서
문화체육관광부 선정 우수교양도서

4 안녕, 달팽이야! 글 베르벨 오프트링 | 그림 야나 발치크
한국과학창의재단 선정 우수과학도서

6 안녕, 무당벌레야! 글 베르벨 오프트링 | 그림 야나 발치크

거미가 동그란 둥근 집 속에 숨어있다.
살짝 건드리기만 해도
집이 흔들려 그 울림에 금방금방
거미줄을 돋도 짜기도 한다.

거미줄은 어떻게 생겼나요?

까마귀쪽 거미는 나뭇잎 아래를 받으로
사가리로 넓은 집을 짓고 산다.

꼬마거미과 거미들은 좁고 깊은
사이에 거미줄 집을 짓는다. 이 거미들은
거미줄 집에서 작은 벌레들을 잡아
먹고 산다.

여기 좀 보세요! 아주 근사한 거미줄이 있어요!
거미줄이 따사로운 저녁 햇살 아래
비단처럼 반짝반짝 빛나고 있네요.
이 정교한 작품을 만든 생명체는
거미줄 한가운데에 있어요. 바로 거미예요.

아유, 징그러! 물론 거미를 무서워하는
사람도 많아요. 하지만 거미는 우리 인간보다
아주아주 작아요. 몸도 자그마하고,
눈도 쪼그맣고, 심장은 더더욱 작지요.
거미는 거대한 동물 세계에서 부여된 임무에 따라
작은 곤충들을 사냥해요. 내일 다시 찾아오면
거미에 대해 더 많은 걸 알 수 있을 거예요.

접시거미과 거미들은
키가 작은 나무의 가지들
사이에 거미줄을 쳐요.
다 지어진 거미줄은
우묵한 접시 모양이에요.

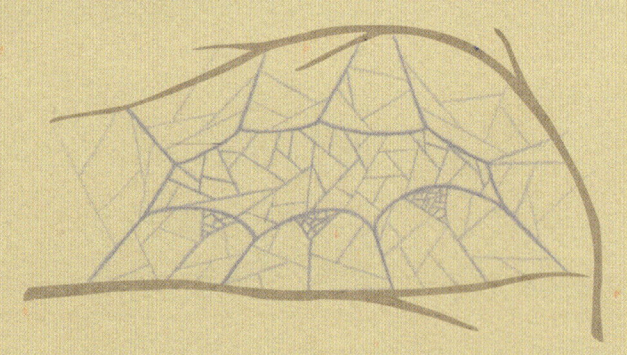

물거미는 평생 물속에서 살아요. 돔 모양의
거미줄 안쪽에 공기를 가득 채우고 마치
잠수종 안에 있는 듯 생활하지요.